Marco Tschirpke

DICHTEN, BIS ICH DRESCHE KRIEGE

Politische Lyrik

Eulenspiegel Verlag

Editorische Notiz

Ein rundes Drittel der in diesem Band versammelten Gedichte erschien zwischen 2020 und 2022 in der Monatszeitschrift *konkret*.

BITTSCHRIFT

Liebste, schick mir Senf und Gurken,
Schick mir Schals aus der Region,
Aber bitte keinen weitren
Link zu einer Petition.

Sonst geschieht noch eines Tages,
Daß dich jäh ein Bannstrahl trifft.
Falls dir Zeit bleibt nachzusehen:
Der trägt meine Unterschrift.

Wenn dein Staat sonst nichts gebacken
Kriegt – hier zeigt er Findigkeit:
Mitbestimmung simulieren
Darfst und sollst du jederzeit.

AMOURÖSE REPUBLIK

Berühmt für ihre Liebesabenteuer
Mit Nörglern aus dem Konkurrenzsystem
Empfängt die Republik den Dissidenten
Und macht es ihm im Feuilleton bequem.
Der sagt dann was ganz Tiefes wie:
Er sei kein Freund von Ideologie.

Der in der Heimat ungedruckte Autor
Verlegt im Westen ein ums andre Buch.
Man gibt ihm einen Preis für Menschenrechte,
Er dankt mit einem Aufenthaltsgesuch.
Die Zeitung zeigt den Mann mit seinem Füller,
Zur Strafe trifft er dann auf Herta Müller.

Vom trauten Zirkel strammer Bürgerrechtler
Erwartet man den allbekannten Stuß:
Daß, wer sich auf den Sozialismus einläßt,
An dem mit Garantie verbluten muß.
Der Staat kennt ihren Nutzen: Dissidenten
Bekämpfen gratis seine Opponenten.

Herta Müller: biographisch motivierte Antikommunistin rumänischer Herkunft. Als öffentliche Person flexibel einsetzbar für jede Art der Kriminalisierung sozialistischer Gesellschaftssysteme.

CALISTHENICS

Du triffst sie im Park: junge Männer an Stangen
Beim Klimmzug, beim Armstütz, mit rosigen Wangen,
Und denkst bei der Gelegenheit:
Da turnt die liebe Eitelkeit.

Sie stemmen sich hoch, und sie lassen sich nieder
Und dann wieder hoch und dann runter und wieder
Hinauf bei schönstem Sonnenschein.
So sinnlos können Muskeln sein.

Am Abend zerstreut sich die sportliche Menge,
Dann leert sich der Platz mit dem Freiluftgestänge.
Sie gehn nach Haus mit leichtem Schritt
Und lesen heimlich Arno Schmidt.

LEKTION

Es zogen in den Weltkrieg eins
Die Maler, Sänger, Dichter
Und traten schneller als gedacht
Vor ihren letzten Richter.

Der sprach: »Ihr Künstler wart bestellt,
Den Frieden zu bewahren,
Und habts vermasselt um den Preis
Von euern besten Jahren.«

Da flohen vor dem Weltkrieg zwo
Die Maler, Dichter, Sänger
Ins überseeische Exil
Und lebten deutlich länger.

DIE LINKE

Auf dem Boden der Verfassung
Steht, und wenn sie drin versinkt,
Eine wackre Schar von Leuten,
Die mit roten Fähnchen winkt.

Handlungsspielräumchen bestehen.
Der Marxist, verschämt wie nie,
Werkelt rum als ein Vertreter
Der Sozialdemokratie.

Lafontainisierte Köpfe
Brandmarken die Hochfinanz
Und betonen ihre Sorge
Um das Wohl des Mittelstands.

KAPITALVERSPRECHEN

Weshalb ein Mensch von Sittlichkeit
An diesen Staat nicht glaubt?
Die KPD wurde verboten,
Die AfD, die ist erlaubt.

Der Nazi nämlich tut zwar dies
Und jenes, wenn er kann,
Doch rührt dabei die Frage nach
Dem Eigentum nie an.

DER REICHSBÜRGER

Seit der Einführung des Euro
Ist bei ihm kein Groschen mehr gefallen.

L’AMOUR TOUJOURS

Dein Wille, endlich aufzuräumen,
Ist groß. Ein schöner, alter Schwur.
Die Ordnungsliebe, die du spürst,
Ist rein platonischer Natur.

DAS KIND LIEBT DEN MÜLLMANN

Das Kind liebt den Müllmann
Und lauscht fasziniert,
Wie der mit Karacho
Die Tonnen rangiert.

Doch steht die Berufswahl an,
Meldet der Sohn
Das plötzliche Ende
Der Faszination.

NEUER SCHIFFSVERKEHR

Hingegossen in die Landschaft
Liegt das alte Brandenburg.
Wo das Stahl- und Walzwerk stand,
Suppt jetzt Rost ins Niemandsland.

Seit die Zukunft abgewandert,
Galt mir meine Heimatstadt
Des Besuchs nicht wert. Nun staun ich,
Wie sie sich gemausert hat.

Lagen einst nur Paddelkähne
Antriebslos im Havelschlamm,
Liegen heute Luxusjachten
Dort mit Segeln weiß und stramm.

Die Eroberer, sie kommen
Aus dem Westen, und man fängt
An zu grübeln, wie man ihre
Flotte unbemerkt versenkt.

Wer da sagt, sie bringen Wohlstand
In die Mark und die empor:
Nein. Sie führen ihn den armen
Märkern nur sehr gerne vor.

MOSLEM IM ORBIT

Im Weltraumbahnhof Baikonur,
Versteckt am Rand von Kasachstan,
Blickt Abdul Ahad auf die Uhr,
Gleich geht es in die Umlaufbahn.
Dem Wink der Sowjetfahne
Folgt erstmals ein Afghane.

Was hat er an, was nimmt er mit?
Die Fragen sämtlich sind geklärt.
Den Raumanzug zum Übertritt
Nebst, was ihn Mohammed gelehrt.
Das Protokoll ist recht human,
Drum ist auch Platz für den Koran.

Doch weil die Mir geschwinde um
Die Erde kreist und auch um sich,
Wird plötzlich zum Spezifikum
Die Frage, wie nun eigentlich
Im Raumschiff, dem gedrehten,
Gen Mekka sei zu beten.

Abdul Ahad Momand verbrachte 1988 mehrere Tage auf der Raumstation Mir. Zu seinen Aufgaben gehörte, einen detaillierten Atlas von Afghanistan anzufertigen.

ABZÄHLREIM FÜR NONNEN

Eene meene muh,
Gott hört heut nicht zu.

Eene meene meck,
Gott sieht heute weg.

Eene meene Nackedei,
Heut putzt *du* die Sakristei!

KUNST DES MITTELALTERS

Wenn man manche schöne Sammlung
Alter Malerei betrachtet:
Hier wird wer aufs Rad geflochten,
Dort ein halbes Dorf geschlachtet,
Hinrichtungen, Scheiterhaufen,
Überall das Blut am Laufen –

Glaubt man doch, die alten Meister
Mußten, um sich zu ernähren,
In den sauren Apfel beißen
Und die Bilder sämtlich wären
Für die Wohnstatt ungeschlacht
Eines Scharfrichters gemacht.

Die Beobachtung stammt von Heine. Er äußerte sie in Prosa.

MARAT

Der mit großer Klinge focht,
Starb durch eine kleine.
Ob Schafott, ob Küchenmesser:
Tot sein ist die allgemeine
Konsequenz des Sterbens und
Gilt auch nördlich von Burgund.

Erstmal aber gabs Geschrei
An der Badewanne.
Schließlich ist nicht einerlei,
Ob man einem kranken Manne,
Dessen Blut die Dielen nässt,
Hilfe angedeihen läßt.

Doch zu spät. Charlotte Corday
Hatte zweimal zugestochen.
Übrigens aus Friedensliebe:
Weil in Bürgerkriegsepochen
Der romantische Instinkt
Vieles durcheinanderbringt.

Jean Paul Marat (1743–1793) heilte die Franzosen von der Gonorrhoe und der Monarchie.

NÖRDLICHER HEINE

Denk ich an Finnland in der Nacht,
Dann bin ich um den Schlaf gebracht.
Zumindest im Sommer: Da bleibt es nachts helle,
Da rückt dir das Mittsommerlicht auf die Pelle.

AN KÄTHE KOLLWITZ

Wie viele elende Mütter
Mit hungernden Kindern
Hast du mit Kohle auf Papier
Gezeichnet?

Heute flanieren in der Straße,
Die deinen Namen trägt,
Mütter mit Kindern,
Von Kohle gezeichnet.

Die Kollwitzstraße liegt im Prenzlauer Berg, einem alten Berliner Arbeiterviertel. Heute ohne Arbeiter.

KINDERZEICHNUNG

Der Dinosaurier streckt den Hals.
Man sieht ihn jedenfalls
Die Zähne in den Sternenhimmel schlagen.

Und wenn man fragt, was er da macht,
Dann heißt es: Na, der frißt die Nacht!

SELTENER BESUCH

Wenn mein alter Kinderglaube,
Daß der Mensch im Grunde gut,
Mich besucht in meiner Laube
(Was er nur noch selten tut),
Heiß ich ihn, etwas benommen,
Wie ein scheues Reh willkommen.

Werde zaghaft enthusiastisch,
Schubweise sogar naiv.
Wär mein Herze noch elastisch
Und mein Wollen impulsiv,
Bög ich mir die Welt zurecht.
Gut zu sein – das wär nicht schlecht.

FREIER MARKT

Luftanhalten – das macht Spaß,
Wollen wirs probieren?
Lediglich die Atemwege
Müssen wir blockieren:

Du hältst mir die Nase zu,
Und ich halte Deine.
Wer zum Schluß gewonnen hat,
Ist dann ganz alleine.

STANTE PEDE ANTE PORTAS

Die Nato ist das beste Pferd
Im Stall der Waffenschmieden.
Es galoppiert durchs Baltikum
Für Sicherheit und Frieden.
Und droht von Moskau her Gefahr,
Dann schlägt es Funken wunderbar.

Die Hufe knallen, man entdeckt
Im Sattel seinen Reiter:
Ein Cowboy, stolz und alt und schön
Und lässig und so weiter.
Ganz Belgrad denkt mit Zärtlichkeit
An seine Zielgenauigkeit.

Der alte Schürzenjäger hilft
Den Ladies in den Bügel
Und rettet sie vorm Wladimir
Im roten Kremlhügel.
Zuletzt beschwor voll Eigensinn
Den Gaul die Ukrainerin.

LIED DER ALINA

Ich hab mein Herz verloren
An einen, der mich liebt.
Nun fragst du leise, was es
Da noch zu murren gibt.

Ich murre keineswegs, doch
Mich treibt die Sorge um:
Was wird aus unsrer Liebe,
Wenn Jahre sind herum?

Du sagst, Du liebst für immer,
Und sagst das so leger.
Doch sagte das nicht mancher
Und sagt es heut nicht mehr?

Du hast dein Herz verloren
An eine, die dich liebt
Und deren Gram sich deiner
Umarmung gern ergibt.

DER BESUCH

Den russischen Bären zu Fall zu bringen
Versucht der Fritz seit hundert Jahren.
Lieder kann er davon singen,
Doch was solls? Die Memoiren
Haben ein noch offnes Ende.
Günstig sind die Zeitumstände,
Um sich des verflixten Bären
Formvollendet zu erwehren.

In der Höhle sitzt gar heiter
Meister Petz beim Gläschen Wein.
Laune macht sich breit und breiter
Und Behagen stellt sich ein.
Da, es läutet! Mit Getöse
Folgt der Auftritt der Dompteuse.
Annalena: »Meine Peitsche
Wird dich Untier zügeln!«, schreit se.

Plötzlich donnert es, ein Krachen
Dröhnt mit Echo durch die Hallen.
Bis ins Mark erweicht vor Lachen
Ist der Bär vom Stuhl gefallen.
Und er gackert sich die Seele
Aus der alten Bärenkehle.
Nur noch dies fürs Protokoll:
Der Besuch schied jammervoll.

Dieses Gedicht, das keine Ballade ist, wurde am 31. Dezember 2021 verfaßt.

VERMITTLUNGSGEBÜHR

Das Alter mag dran schuld sein und das Abo:
Paniert mit Skepsis gehn wir durch die Welt.
Der Frohsinn hat sich häuslich eingerichtet,
Das Leben draußen ist ihm längst vergällt.

Die Mitwelt ist ein bunter Strauß von Tröpfen,
Dem Herzen fremd, dem Auge eine Qual.
Vergeblich suchst du Zuneigung zu fassen
Und greifst ins Leere viele hundertmal.

Das alles ist nicht selten und nicht tragisch,
Schon Seneca ist nicht viel rumgehopst
Vor permanent gefühlter Lebensfreude;
Auch ihn hat seine Weltsicht stark gemopst.

Die Sache wird in einem Punkte heikel:
Du hast die eignen Kinder auf dem Schoß,
Und wenn du deinem Argwohn freien Lauf läßt,
Dann werden sie mit deinem Argwohn groß.

RÜCKBLENDE

Es gab eine Ära, da ihr noch nicht wart,
Da sangen wir andere Lieder.
Es war eine andere Menschheit am Start
Mit Stubenarresten und Achseln behaart
Und Urlauben ohne Aida.

Es gab für uns Schüler den Werkunterricht
In staatlich geführten Betrieben.
Wir führten die Feile und mochten es nicht:
Die Arbeitsschutzkleidung, das Öl im Gesicht,
Wir wären gern sauber geblieben.

Wir lasen Arkadi Gaidar und Karl May
Und waren zu Helden geboren.
Wir gaben den Timur und sangen dabei,
Wir schlugen dem Drachen die Schädel entzwei
Und uns manche Nacht um die Ohren.

Wir wuchsen heran, und wir kamen dahin,
Die Hydra komplett zu vergessen.
Es steckte in all dem Gemurkse was drin
Von reinem Gewissen, von Lottogewinn.
Und dann hat sie doch uns gefressen.

ANNO 18

Als im Sommer vor drei Jahren
Die Genossin Wagenknecht
An die Sofas der Nation trat,
Uns Oblomows regelrecht

Gouvernantenhaft ihr grelles
»Aufstehn!« um die Ohrn zu hauen,
Drehten wir uns weg und dösten
Weiter bis zum Morgengrauen.

Ob die Sache Zukunft hatte,
Ließ sich seinerzeit nicht sagen.
Längst jedoch ist nicht zu leugnen,
Daß wir damals richtig lagen.

BEGEGNUNG

Wie wenn man eine Liebschaft trifft
Aus einem alten Jahr:
Das Auge stottert, und das Herz
Schlägt aus so sonderbar.

Ganz ähnlich sollte es mir heut
Spätnachmittags ergehn:
Ich sah im Antiquariat
Eins meiner Bücher stehn.

ICH WARF EINEN BRIEF

Ich warf einen Brief in den Kasten,
Katrinchen, Katrinchen,
Und morgen schon, denke ich, hast'n,
Dann hast'n in der Post.

Du wirst meine Sauklaue sehen
(Wie peinlich: unreinlich)
Und wirst deine Augen verdrehen,
Verdrehen, und was dann?

Dann liest du, daß ich dich verlasse,
Katrinchen, Katrinchen,
Und ziehst so ein wütendes Mienchen
Und weinst in dein Knäckebrot rein.

Im Fall, daß die Post versagt, fände
Der Brief schlicht sein Ziel nicht.
Dann bleiben wir halt bis ans Ende
Der Tage ein glückliches Paar.

WESTDEUTSCHE LINKE

Alles, was sie jemals denken,
Und sie denken ja durchaus,
Speist sich aus dem trüben Brunnen
Der Kritik. Tagein, tagaus
Blickt ihr Auge auf den Mist,
Der dem Staate eigen ist.

Wer Kritik übt, glaubt im Herzen
An das bessre Argument,
Wirft dem Wolf vor, daß er Wolf ist,
Und dem Feuer, daß es brennt.
Merkste was? Kritik allein
Kann des Pudels Kern nicht sein.

Wies einst Hannibal der Krieger
Vor der Schlacht am Apennin
Seine Kämpfer auf die schlimme
Unmoral der Römer hin?
Nein. Er schwang den eleganten
Hintern auf den Elefanten.

AN EINE JUNGE AKTIVISTIN

Wenn ich mir was wünschen dürfte,
Hättest du die Demos satt
Und erfreutest dich der Wirkung,
Die ein Generalstreik hat.

Demonstrieren ist wie meckern.
Ruht indes die Produktion,
Steht auf einen Schlag der ganze
Apparat zur Diskussion.

Nenn mich einen Bolschewisten,
Nenne mich gar schizophren:
Komm und laß uns planwirtschaften!
Oder planlos untergehn.

IM ROSENSTOCK

Im Rosenstock tagt der Kongreß
Der Blattläuse. Ihr Thema:
Wie passen wir zu welchem Zweck
In wessen Beuteschema?

Zwei Tage später liegen faul
Als kleine satte Schläfer
Mit übervollen Bäuchen rum
Die Glücksmarienkäfer.

SPEISEREGELN

An Speiseregeln mangelt es
Der Welt in keinem Falle:
Beim einen ist's die Religion,
Beim anderen die Galle.

RUMMELPLATZ

So schwarz sieht man nur selten
Die Wolkenmassen hängen.
Die Fahrgeschäfte gelten
Als sicher, doch das Drängen
Der Bengels ist passé,
Der Wind riecht schon nach Schnee.

Die Buden stehen müde,
Die Luftgewehre schweigen.
Ein herrenloser Rüde,
Dem sich noch Reize zeigen,
Zerrt übern Bürgersteig
Ein Herz aus hartem Teig.

Es flattern die Musiken
Geräuschvoll ineinander.
Ein paar Erwachsne quieken,
Der Hauptgewinn: ein Panda.
Das Riesenrad hebt stumm
Die leeren Gondeln um.

ES REGNET, ES REGNET

Es regnet, es regnet,
Die Erde wird naß.
Das Wasser von oben
Kommt allen zupaß:
Den durstigen Blumen,
Der staubigen Kuh.
Sie heben die Köpfe
Und prosten sich zu.

Es regnet, es regnet
Mit blechernem Klang
Auf Autos, und schon ist
Ihr Bremsweg zu lang.
Sie fahrn ineinander,
Es donnert und knallt.
Der Regen wäscht brühwarmes
Blut vom Asphalt.

PASTORALE ARIE

Schafe können sicher weiden,
Wo ein guter Hirte wacht.
Wo Regenten wohl regieren,
Kann man Ruh und Friede spüren
Und was Länder glücklich macht.

Friedvoll leben die Familien,
Vater, Mutter, Töle, Kind,
Außer wenn die Staatsminister,
Rädelsführer und Philister,
Selber große Schafe sind.

Die erste Strophe stammt aus der Feder Salomon Francks, der das Libretto für Bachs Kantate »Was mir behagt, ist nur die muntre Jagd« (BWV 208) verfaßte. Die zweite nicht.

WINTERLICHE UMVERTEILUNG

Es hängt ein Meisenknödel
Im öffentlichen Raum.
Drei Krähen hacken munter
Die Körner dran herunter.
Tja, Meise, aus der Traum!

GEDENKPOLITIK

Neunzehnhunderteinundsechzig,
Als die Mauer grade stand,
Sah man Günter Litfin flüchten
Ins gelobte Niemandsland.

Bald entdeckt von Grenzern sprang der
Junge Schneider in den Schlick
Des Berliner Humboldthafens,
Und er kam nicht mehr zurück.

Er ist nicht umsonst gestorben,
Heute gilt er uns als Held.
Mit dem Titel »Ersterschossner«
Ist ein Mahnmal aufgestellt.

Merke: Wenn die Weltgeschichte
Dir mit Fleiß im Nacken sitzt,
Fördert das nicht die Gesundheit,
Doch dein Nachruhm ist geritzt.

GEMACHTER MANN

Der Pollock konnte drippen, keine Frage.
Ob Tschirpke dichten kann, ist ungeklärt.
Von letzterem jedoch weiß ich zu sagen:
Es hat ihn kein Geheimdienst je ernährt.

Der Pollock freilich hatte keine Ahnung,
Wer da die Strippen zog im Hintergrund.
Drum, Künstler, sei gewarnt: Die noble Stiftung,
Die dich bezahlt, bezahlt vielleicht der Bund.

Gegen den Sozialistischen Realismus brachte die CIA besprenkelte Leinwände in Stellung. Der von ihr organisierte »Kongreß für kulturelle Freiheit« infiltrierte bis in die Sechziger hinein den westlichen Kulturbetrieb.

DIE TURNERIN

Wer hat die Turnerin entführt,
Und wer den goldnen Gockel?
Den Kiesweg säumt ein Trauerrand
Verwaister Marmorsockel.

Der bronzene Carl von Linné
Kam seinem Park abhanden:
Skulpturen, hastig abgeflext
Von nachtaktiven Banden.

Ihr Interesse galt allein
Dem Schrottwert der Metalle.
Der Kunstwert, hundertfach wohl, ging
Der Brut nicht in die Falle.

Die Turnerin ist fortgeschafft,
Noch ist die Spur zu lesen.
Ich steh, wo sie einst stand, und staun,
Wie lieb sie mir gewesen.

NEUER BREITENSPORT

Der Deutsche joggt. So plötzlich ist's gekommen,
Als hätte sich ein Schalter umgelegt.
Das Grunzen seines Schweinehunds vernommen,
Erwacht er nun, damit er sich bewegt.
Umrundet sind bald sämtliche Gebäude:
Im Hamsterrad erwirbt man Kraft durch Freude.

SELBSTMUSTERUNG

Ich schlage keine Räder mehr.
Die Haare, sie ergrauten.
Und wenn die Hüfte kreisen soll,
Dann werdens nur noch Rauten.

Die Steifheit kriecht in meinen Leib,
Man wünscht, daß ich mehr turne.
Bald mach ich einen vorbildlich-
en Salto in die Urne.

ALTE EHEPARTNER

Sie kränken einander mit großer Geduld
Und geben so zärtlich dem andern die Schuld.

Sie gehen sich hingebungsvoll aus dem Weg,
Sie kommen einander doch stets ins Geheg

Und weinen alsbald schon mit Kanne und Strauß
Am Grabstein des andern die Augen sich aus.

KIND BEIM BLUMENGIESSEN

Der Steppke stakst behende
Durchs sandige Gelände
Und träuft die ersten Salven
Auf Zinnien und Malven,

Träuft oben in die Blüte
Und trifft mich im Gemüte:
Er gießt sie wie der Regen.
Als wär ein Gott zugegen.

VON DER GLEICHGÜLTIGKEIT ALLER NATUR

Des Vogelkundlers liebstes Vieh
Pfeift auf die Ornithologie.

FINNISCHE FERIEN

Nach endlosen Waldkilometern
Durch mächtige Kiefern am See,
Da taten uns Müttern und Vätern
Die Senk-, Spreiz- und Plattfüße weh.

Wir griffen die Zelte beflissen
Und sangen dem Kuckuck ein Lied.
Dann stutzten wir plötzlich: Es bissen
Die Heringe hier auf Granit.

DREI STROPHEN

Was immer man von Männern hält,
Sie halten nicht viel aus.
Die Frauen nicht, die Kinder nicht
Und nicht das eigne Haus.

Was immer man von Frauen hält,
Sie halten alles aus.
Sogar den eignen Ehemann
Und werfen ihn nicht raus.

Nur Wolfgang Borchert hatte Pech
Und konnte nichts dafür.
Er hatte keine Frau und stand –
Draußen vor der Tür.

KRITIK DES WIDERSPRUCHS UM SEINER SELBST WILLEN

Ein Einzelgänger ging allein,
Um einzelgängerisch zu sein,
Bei jedem Kaffeekränzchen
Zu allem auf Distänzchen.

Er widersprach in einer Tour,
Und jeder schielte auf die Uhr.
Nach seiner Diagnose
War alles Quatsch mit Soße.

Er wurde richtig aggressiv.
Bis einer für die andern rief:
Wir leben jetzt und hier, Mann!
Und du bist nur Wolf Biermann.

VOM INSEKTENSTERBEN

auf die Melodie von »Kleine Meise« zu singen

Kleine Fliege, kleine Fliege,
Sag, wo kommst du denn her?
Wart, ich hol die Fliegenklatsche.
Lange lebst du nicht mehr.

Ich hab zwei verschiedne Klatschen:
Eine, wie man sie kennt,
Doch die andre ist mit Strom, der
Dir die Flügel verbrennt.

Kleine Fliege, kleine Fliege,
Jetzt entscheide dich schon
Für die eine oder andre
Form der Exekution!

CELLE

Wie Zinnsoldaten dicht an dicht
Stehn hier die Giebel. Sonnenlicht
Umspült die Fachwerkfronten,
Besichtigt von Geronten.

Am Saum der Aller zeigt ein Kind
Den Allerwertesten. Geschwind
Addiert's ein Rinnsal zu dem Fluß,
Der allerlei erdulden muß.

Zum Beispiel mich, der ich hier lauf
Und Celle als Juwel verkauf.
Das ist es auch. Wie jede Stadt,
Die einen Arno-Schmidt-Platz hat.

In der Bundesrepublik taucht der Name des Dichters im öffentlichen Raum ebenso oft auf wie im vorliegenden Buch: 2x.

DICHTERISCHER ALLTAG

Wenn der Deutsche ein Erlebnis
Hat und eine Emotion,
Sucht er den perfekten Ausdruck,
Findet ihn und hat ihn schon:
Er hupt.

FOERSTER AN FISCHER

Noch gestern blühten Phlox und Mohn,
Jasmin und Seidelbast.
Veronika, der Lenz war da,
Und du hast ihn verpaßt.

Fingierter Brief des Berliner Staudenzüchters Karl Foerster an Veronika Fischer. Das Gedicht ist aber zu läppisch für eine Fußnote.

UNERWARTETE EINSICHT

Wir hielten uns nicht auf mit Fesselspielen.
Wir wollten ungebunden sein und frei.
Und als wir nachher in die Sessel fielen,
Da war es mit der Liebe schon vorbei.

Ich hab dazugelernt, soweit ich sehe:
Das allerschönste Fesselspiel heißt Ehe.

HÄNDEL AM STERBEBETT VON GEORG I.

Erlaubt, mein König, daß ich Euch
Die letzte Ehre erweise.
War England einst ein Himmelreich,
So läuft's jetzt aus dem Gleise.
Die Bürger sind so dreist wie nie
Zur alten Aristokratie.

Für Opern ist man jetzt zu prüd.
Dressierte Elefanten
Sind nichts fürs nüchterne Gemüt
Der neuen Protestanten.
Mit Eurer Exzellenz stirbt aus
Das kunstbeseelte Adelshaus.

Die fetten Jahre sind vorbei,
Ich mache nur noch Miese.
Im Grunde ist es einerlei,
Nun schreib ich halt für diese
Banausen und Proleten
Was Christliches zum Beten.

Ich sitze am »Messias« grad
Und finanzier die Sache
Mit Geldern aus dem Negerstaat,
Wo ich in Aktien mache.
Wie pleite wäre das Genie
Doch ohne Royal Company!

Durchlaucht, Ihr hört geduldig zu
Und zeigt Euch ohne Einwand.
So laß ich ferner Euch in Ruh.
Als Diener, der sich einfand,
Find ich aus diesem Hohen Haus
Vermutlich auch allein hinaus.

Georg Friedrich Händel, Hofkomponist von Georg I., war Aktiengesellschafter der Royal African Company, die im königlichen Auftrag den Sklavenhandel in den englischen Kolonien organisierte.

BUND DER STEUERZAHLER e.V.

Schon dem alten Nazi Bräuer
War sie stets zu hoch: die Steuer.
Er ersann aus diesem Grund
Einen Steuerzahlerbund,
Der sein Publikum bis heut
Mit gequirltem Scheiß erfreut.

Steuerfinanzierten Staaten
Öffentliche Missetaten
Mittels »Schwarzbuch« anzukreiden
Ist ein exklusives Leiden
Und auch weltweit nur bekannt
Aus dem deutschen Mittelstand.

Jetzt die gute Nachricht. Ein
Staat kann so beschaffen sein,
Daß er auf die Steuern pfeift,
Weil der Mensch in ihm begreift:
Wohlfahrt sprießt aus seiner Liebe
Zum verstaatlichten Betriebe.

Karl Bräuer (NSDAP-Mitglied und Untersturmführer der SS) gründete 1949 den Bund der Steuerzahler, der heute zugleich als gemeinnütziger Verein und im Lobbyregister des Bundestags eingetragen ist. »Das Schwarzbuch« (Untertitel: Die öffentliche Verschwendung) erscheint jährlich.

RUSSENHATZ IM DEUTSCHLANDFUNK

Mit welcher Selbstverständlichkeit
Der Rundfunkjournalist
Zum Frühstück morgens um halb acht
Den ersten Russen frißt.

Jetzt hat er einen ausgewiesnen
Fachmann in der Leitung.
Der hat denselben Appetit
Und liest dieselbe Zeitung.

Was macht den Talkgast zur Instanz,
Weshalb lud man grad diesen?
Den ausgewiesnen Fachmann hatte
Russland ausgewiesen.

LIEBE TANTE

Ich konnte dir nicht schreiben
Am Montag, denn der war
Ein Tag von tiefster Bläue,
Die war nicht abwaschbar.

Ich konnte auch nicht schreiben
Am Dienstag, der war voll-
er Härte gegen alles,
Was gut und schön sein soll.

Am Mittwoch fiel ein Drache
In unserm Stadtteil ein,
Der hielt mich ab vom Schreiben
Im Vor- und Nachhinein.

Am Donnerstag entspannte
Die Lage sich ad hoc:
Mein Schwert war eine Lilie,
Mein Schutzschild war ein Wok.

Frag bloß nicht nach dem Freitag,
Der war eine Tortur.
Ich schrieb dir ein paar Zeilen,
Doch in Gedanken nur.

Am Samstag lag im Kasten
Ein Brief von deiner Hand.
Nun ja, du weißt ja selber,
Was drin geschrieben stand:

Ich solle doch mal schreiben,
Und wenn es Sonntags wär.
So schreib ich jetzt und stecke
Die Woche ins Kuvert.

DAS GESPRÄCH

Wenn wir zwei uns unterhalten,
Geht es eine Zeitlang gut.
Ruhe und Grammatik walten,
Während die Synapsen schalten.
Unbeschleunigt pulst das Blut.

Zufall wills, und wir touchieren
Beiläufig die Politik.
Nahtlos geht es an die Nieren,
Weltbildfetzen kollidieren
Wie dereinst im Kalten Krieg.

Fröstelnd schlagen wir die Kragen
Hoch. Das Knacken welker Blätter
Grätscht ins stille Unbehagen.
Jeder von uns hört sich sagen:
Künftig nur noch übers Wetter!

PRODUKTIVE ARBEIT (PA)

Stahl mich aus dem Stahlwerk und
Schlich ins alte Kino rein.
Nichts kann so zermürbend wie
Produktive Arbeit sein.

Licht aus. Film ab. Bin bereit.
Studienreise ins Absurde.
Auf der Leinwand weiß auf schwarz:
»Wie der Stahl gehärtet wurde«.

Der Spielfilm: »Wie der Stahl gehärtet wurde« (UdSSR 1957), nach dem Roman von Nikolai Ostrowski. Produktive Arbeit: Unterrichtsfach in der DDR ab dem 7. Schuljahr, fand in Industriebetrieben statt.

NACHBETRACHTUNG

Du hast gewählt. Der Kater bleibt
Nicht aus. Auf den Plakaten
Erschien dir manche Forderung
Nachgrade wohlgeraten.

Jetzt rotten die Plakate hin.
Die Ziele, die drauf standen,
Verwittern auch und kommen mit
Und ohne Not abhanden.

So geht es wohl dein Leben lang.
Das Kreuz auf den Papieren
Geht jedes vierte Jahr allein
Dir selber an die Nieren.

FERNSEHSERIE

So so. Drei Staffeln »Charité«
Und alle sind begeistert.
Mal wieder hat die ARD
Historie gemeistert.

Die vierte Staffel ist geplant
Und wird gewiß nicht zeigen,
Wie Westler in den Neunzigern
Die Lehrstühle besteigen.

Die Klinik zu erobern war
Das Ziel der Ärztekammer.
Drum schwangen *Bild* und *Spiegel* wild
Die Kübel und den Hammer.

Von Kastrationen unter Zwang
Durch Stasi-Ärzte schrieben
Die Blätter, und es gelte, die
Belegschaft durchzusieben.

Der Rufmord diente dem Senat,
Sich Einfluß zu erschleichen.
Für deine GEZ-Gebühr
Erfährst du nichts dergleichen.

KREUZFAHRT

Tief befriedigt setzt der Senior
Eine letzte Zahl ins Eck.
Unbeirrt bis neun zu zählen
Ist ein schöner Lebenszweck.

Wenn die Knochen nicht mehr wollen,
Wenn die Pumpe nicht mehr will,
Bleibt allein der edle Denksport
Übrig für den Dr. phil.

Diese Lust an der Tabelle
Schraubt sich in ein deutsches Herz.
Doch ich ruf vom Achterdeck:
Vater, leg's Sudoku weg!

HINTERLASSENSCHAFTEN

Mein Erbe ist mit Gold nicht aufzuwiegen,
Denn glücklich schätzen darf sich ungemein,
Wer keinen Anlaß hat, den eignen Eltern
In irgendeiner Hinsicht gram zu sein.

Ich kenn zu viele, denen aufgebürdet
Ein schwerer Sack im elterlichen Haus.
Sie tragen ihn mit Fassung oder taumeln
Und schütten ihn auf ihre Kinder aus.

DIE PUPPE

Ich steh im Spielzeugladen
Vor einer Puppe rum.
Sie hat blaßrosa Wangen
Und eine Schürze um.

Ich frag: Was gibts zum Mittag?
Und schiele in den Topf.
Ihr Blick geht stark ins Leere,
Ich tipp mir an den Kopf:

Sie kann ja gar nicht kochen!
Damit es schmeckt, braucht sie
Nicht Speck, nicht Eier, sondern
Ein Kind mit Phantasie.

IM RISTORANTE

Gnocchi und Filet
Sind uns aufgetan.
Draußen rieselt Schnee,
Drinnen Parmesan.

INTERNATIONALER FRAUENTAG

Denkt, ihr schusseligen Männer,
An die Blumen für die Frauen!
Wenn sie nach dem Anlaß fragen,
Ist es Zeit, Adieu zu sagen.

DREI HÄHNE

Unser ganzer Stolz sind drei der
Schönsten Hähne dieser Stadt.
Einer ziert die Einbauküche,
Zwei das hell geflieste Bad.

Oh, wie gern wir die berühren,
Die nicht picken und nicht hacken!
Doch anstatt des Schalks sitzt ihnen
Immer nur der Kalk im Nacken.

ERNST THÄLMANN, EINER FLASCHE SEKT VERGLICHEN

Was bessernd eingreift in die Welt,
Das wird beizeiten kaltgestellt.

GRÜNDE

Das stolze Rom ging unter
Aus Gründen vielerlei.
Das Inkareich verdorrte
Durch Spaniens Barbarei.
Die Kelten lösten gründlich
Sich Schlachten schlagend auf.
Es nahm bei den Mongolen
Der Typhus seinen Lauf.
Mein Land fiel zu den Ahnen
Aus Mangel an Bananen.

NEUES HÖHLENGLEICHNIS

Die Flitterwochen flatterten
So schnell an uns vorbei
Wie Fledermäuse auf dem Weg
Zur Höhlenmalerei.

Dort hängen letztere im Pulk
Vor Szenen von der Jagd
Auf Pferde, Bisons, Mammuts und
Ermüden, wenn es tagt.

Nicht selten hat die Ehe auch
Der Szenen noch und nöcher.
Und Amors Pfeil bleibt wochenlang
Trotz Schießbefehl im Köcher.

SMOLLETTS DIKTUM

Verdienste allein, versichre ich Ihnen,
Helfen in der Welt nicht fort.
Um sich Lorbeern zu verdienen,
Braucht es eines Gönners Wort.
Lückenhafte Kompetenzen
Wird es vorteilhaft ergänzen.

Hier mal ein devotes Grinsen,
Dort ein wenig Schmeichelei,
Wenig läßt sich so verzinsen
Wie gezielte Kumpanei
Und der ein und andre Deal;
Langsam schärft sich Ihr Profil.

Dann der Gang durch die Instanzen:
Ein Verein ist dazu da,
Sie in Gremien zu verpflanzen
Für diverse Praktika.
Und am Ende, klopf auf Holz,
Ist Ihr Name Olaf Scholz.

Der erste Satz findet sich im Schelmenroman »Roderick Random« (1748) von Tobias Smollett.

AN DIE LESER LINKER BLÄTTER

Westberliner Arbeitslose
Hörte ich vor dreißig Jahren
Auf den Sozialismus schimpfen;
Leute, die geschlagen waren,
Schlugen, dialektisch kühn,
Den Zentralstaat blau und grün.

Seltsam, dacht ich, diese Menschen
Wissen sich wohl einzurichten
Und auf jede bessre Aussicht
Ganz dogmatisch zu verzichten.
Sie erinnern – Donnerwetter! –
An die Leser linker Blätter.

JUGOSLAWIEN, MON AMOUR

Aus der deutschen Wiege stieg
Ein gediegner Bruderkrieg.
Selten, daß der Zufall waltet,
Wo man sich die Schädel spaltet.

NEUE SEIDENSTRASSE

Ein Land will Handel treiben. Die Genüsse
Des Wohlstands sind vom Westen nicht gepachtet.
In Chinas Häfen werden keck verfrachtet
Der Produktion immense Überschüsse.

Die Staaten nebst Europa stehn und murren.
Zu spät erkannten Washingtons Agenten
Den größten ihrer Weltmarktkonkurrenten
Und suchen Allianzen festzuzurren.

Vorbei die Chance, den Gegner auszustechen;
Die Zeit reicht grad zum Geifern und Besudeln.
Aus krawattierten Edelfedern sprudeln
Chinesische Vergehen und Verbrechen.

Es gilt, das Feindbild ordentlich zu mästen.
Die Gretchenfrage mag man sich kaum leisten:
Wie konnte sich die KPCh erdreisten,
Es schlauer anzustellen als der Westen?

Ich sehe, und durchaus mit einem leisen
Gefühl von Häme, in welch starkem Maße
Gestalt annimmt die Neue Seidenstraße,
Da andre noch den eignen Holzweg preisen.

Natürlich bleiben Fragen. Sympathien
Sind keine Währung, drauf sein Haus zu bauen.
Was einer tut, kann einer auch versauen.
Der Weltgeist, leider, geizt mit Garantien.

AUF DEM FELD

Während ich in aller Stille
Draußen auf den Äckern bin,
Nähert sich ein Schwarm von Krähen,
Alle Ruhe ist dahin.

Unaufhörlich müssen diese
Vögel durcheinanderschrein.
Unwillkürlich fällt dem Dichter
Jede deutsche Talkshow ein.

PHOENIX IN DER ASCHE

Festgefahren in der Erden
Steht der Mars-Roboter still.
Seine Ingenieure werden
Unruhig, denn kein Funke will
Dringen aus dem teuren Rover,
Man besorgt sein Aus und Over.

Dabei gurkt er schon seit Jahren
Durch die Dünen auf dem Mars.
All die Sandstürme, sie waren
Schlimmer nicht als auf'm Darß.
Die Maschine, liest man quer,
Gibt kein *Lebenszeichen* mehr.

Der Mars-Rover Opportunity befindet sich seit 2004 auf dem roten Planeten. 2018 schnappte er ein und schweigt seitdem.

MEINE KUMPELS HABEN DURST

auf die Melodie von »Meine Blümchen haben Durst« zu singen

Meine Kumpels haben Durst,
Hab's gar wohl gesehen.
Hurtig, hurtig will ich drum
In den Keller gehen.

Kühles Pilsner hol ich euch,
Wartet nur ein Weilchen,
Wartet nur, dann trinken wir
Auf die blauen Veilchen,

Die wir uns noch im Verlauf
Dieser Nacht verpassen,
Weil wir uns mit zwei Promille
Nichts mehr sagen lassen.

DIE LIEBE ZUR PFLANZE

Meine Freundin steht im Park,
Gänzlich unbeachtet.
Jeder geht an ihr vorbei,
Ob es tagt, ob's nachtet.

Ich allein nur such sie auf,
Um von ihr zu naschen.
Die Kornelkirsche tiefrot
Ist nichts für euch Flaschen.

NICHT NUR DORNRÖSCHEN

auf die Melodie des Kinderliedes zu singen

1. Horst Wessel war ein schönes Kind, schönes
   Kind, schönes Kind,
   Wie alle Kinder erstmal sind, erstmal sind.

2. Zum Studium dann hat's nicht gereicht,
   nicht gereicht, nicht gereicht.
   Der Sturmbannführer nahm ihn gleich,
   nahm ihn gleich.

3. Im Rollkommando Friedrichshain, Friedrichshain, Friedrichshain,
   Drosch er auf Kommunisten ein, -nisten ein.

4. Da sprach in Horst der Dichter schlicht, Dichter
   schlicht, Dichter schlicht:
   Die Fahne hoch, die Reihen dicht! Reihen dicht!

5. Herr Höhler von der KPD, KPD, KPD
   Erschoß ihn auf dem Kanapee, Kanapee.

6. Herr Goebbels, der befahl sogleich, fahl sogleich,
fahl sogleich
Die Auferstehung für das Reich, für das Reich.

7. Horsts Mutter nahm es klaglos hin, klaglos hin,
klaglos hin.
Ihr Horst stand jetzt im *Stürmer* drin, *Stürmer* drin.

8. Bald fuhr sie mit nem Freifahrtschein, Freifahrtschein, Freifahrtschein,
Ein Denkmal täglich einzuweihn, einzuweihn.

9. Der Hitler küßte ihr die Hand, ihr die Hand,
ihr die Hand.
Das spürte auch ihr Kontostand, Kontostand.

10. So lebte sie in Saus und Braus, Saus und Braus,
Saus und Braus
Weit übers Dritte Reich hinaus, Reich hinaus.

NATION-BUILDING

Geklappt hat es genau 1 mal,
Das war nach Weltkrieg Nummer zwo.
Die Bundesrepublik entstand
In dollar jubilo.

Mit Nation-Building meint man heut,
Ein armes Land zu pfänden,
Und gibt ihm jede Garantie,
Als failed state zu verenden.

SELBSTBESCHEIDUNG

Ach, geht's uns gut! Noch zappeln wir.
So reden sie bei Tische.
Die Äußerung bedeutet schier:
Wir sind nur kleine Fische.

FAREWELL

Deplaciert in jeder Hinsicht
Und der Mitwelt ein Fossil,
Steht der Kommunist im Abseits
Und erwartet nicht mehr viel.

Nicht für sich. Doch für die Menschheit
Hegt er Hoffnung. Ob zu Recht,
Weiß kein Gott und weiß kein Teufel,
Nicht mal Richard David Precht.

LETZTER SCHREBERGARTEN

Dein letzter Schrebergarten
Wird auch dein kleinster sein:
Drauf harken harte Hände
Das Grün vor deinem Stein.

Dann setzt sich eine Meise
So drollig auf den Kies:
Zwei Meter über dir
Ist schon das Paradies.

ALPHABETISCHES VERZEICHNIS
der Gedichttitel und *-anfänge*

Dankwort an meinen Lektor Felix Bartels: Stets, wenn ich ihn im Vorfeld der Drucklegung um die eine oder andere technische Änderung ersuchte, hatte ich das Gefühl, Platon zu bitten, meinen Herd zu reparieren. König im Dreck. Held. Freund.

Eulenspiegel Verlag – eine Marke der
Eulenspiegel Verlagsgruppe Buchverlage

ISBN 978-3-359-03031-7

1. Auflage 2022

Umschlaggestaltung: Niki Bong unter Verwendung
eines Fotos von Marco Tschirpke
Printed in EU

www.eulenspiegel.com